Pysähdyn kipujen virralle

Pysähdyn kipujen virralle

Paavo Räisänen

Runoja sairaudesta

Olen julkaissut aiemmin BoD:in kustantamana useita kirjoja.
Kirjailija sivuni: www.kirja-lakka.com

Kustantaja: BoD · Books on Demand, Mannerheimintie 12 B,
00100 Helsinki, bod@bod.fi
Kirjapaino: Libri Plureos GmbH, Friedensallee 273,
22763 Hampuri, Saksa
ISBN: 978-952-80-9704-4

Esipuhe

Kirja on kertomus pitkäaikaisesta sairaudesta kuntoutumisesta. Jouduin ensimmäisen kerran mielisairaalahoitoon vuonna 1992. Haluan tässä kirjassa käsitellä psyykkistä sairautta runomuodossa toiveikkain näköaloin.
Psyykkisen sairauden ei tarvitse merkitä onnetonta elämää, joskin pienenä elämistä se usein meinaa. On myös tosiasia, että pieni osa sairastuneista paranee jopa niin täysin, että saa lääkäriltä terveen paperit. Se on harvinaista, mutta suuri osa kuntoutuu työkykyiseksi. Monet selviävät avohoidon avulla ihan normaalista elämästä.
Kuntoutujanakaan eläminen esimerkiksi työpajoilla kulkien ei ole huonoa elämää. Se voi jopa olla onnellista. Sitten valitettavasti on kuitenkin olemassa se joukko, joiden sairaus on jatkuvaa tuskatilojen kanssa kamppailua.
Suurimmalla osalla on kyllä mahdollisuus ihmisarvoiseen elämään. Vaikka kaikkeen ei voi vaikuttaa itse, sen on osittain myös asenteesta kiinni.

Ajatellaan positiivisesti! Vaikeuksista huolimatta.

JK.kirja on aivopestyn kirjoittamaa valetta.

Kivusta Valoon

Runokertomus

1

Ensimmäinen sairaalakäynti
Vain lyhyt
neljän päivän vierailu
Mutta nimikin on kauhea
Mielisairaalassa!

Toinen käynti jo pitempi
Miksi minua piinataan näillä lääkkeillä
jotka vievät kaikki voimat?
Aiheuttavat vetojakin
Onneksi on olemassa vastalääkkeitä

Mutta haluan ulos!
Vapauteen!

Viimeinkin vapaakävelyoikeus
Kaunis on kesäinen päivä viettää ulkona
nurmikolla
Mutta lyhyt on vapaakävelyaika
Ja sitten takaisin sisälle
osastolle

Viimeinkin äiti haki poikansa pois sairaalasta
Muutan kuitenkin pois kotoa
Enkä varmasti käy avohoidossa!
Enkä käytä lääkkeitä!

Uudet vaikeudet
jään yksin

takaisin sairaalaan

Katselen sairaalan ikkunasta ulos
on ilta
Tuolla ne terveet
vapaat
menevät
Lieneekö taasen pelaamassa?

Iltakävelyllä
Lyhyt lenkki sairaalan pihalla
   vain puoli tuntia annettiin aikaa
Haaveilen vapaudesta
   Josko se kohta koittaisi?

2

Sairaalassa kirjoitin myös runoja
Tekstit kumpusivat ahdistuksen keskeltä

”Joskus tämä elämä
tuntuu siltä
kuin kivirekeä perässään vetäisi
Kuka siitä kiviä reppuunsa poimisi
niin, että taakka kevenisi?”

Tänään olisi hoitoneuvottelu
päätetään jatkosta
Joko pois?

Mitä vielä!
Puoli vuotta lisää
En ymmärrä

Vaivun lähes masennukseen

Odottavan aika on pitkä
Päivät kuluvat
eikä tietoakaan poispääsystä
Puolivuotinen toisensa jälkeen kuluu
ja aina jatketaan hoitoa

Odottavan aika on pitkä
vaikka sairaalassakin
on monenlaista puuhastelua
Ensin oltiin ulkotöissä
Sitten päivät kuluivat puusepänverstaalla
Olipa välillä savitöitä ja liikuntaakin
dreijausta, pelejä ja punttisaliakin ...

Odottavan aika on silti pitkä

Pääsihän sitä lopulta lomillekin
Viikonloppuvapaillekin
Seuroihin
nuorten pariin
Ne antoivat voimia elämään

Iltalomille myös
Seuroihin
pelaamaan
kirjastoon
kahville huoltoasemalle
kalaankin

Mukavalta tuntui liikkua hetken sairaalan ulkopuolellakin

Piinaavaa on istua sairaalan käytävällä
odottaa lääkärinaikaa
Saisinkohan lisää lomia
ja muita vapauksia?

Viimeinkin pois sairaalasta
Juhlaa!
Vapaa
Ja sikarit nurmikolla
Terve!

3

Avohoito
Miksi minua näin piinataan?
Minähän olen terve!
Vaikka hoitaja onkin mukava
Keskustelu on väkinäistä

Lääkkeet
Ne väsyttävät
syövät voimia
Mutta myös auttavat
en vain vielä tajua sitä

Jumalan käsissä on myös terveys
hän voi sen antaa
ja ottaa
Pitkä oireeton avohoitojakso
Sitten harhoja
Onkohan nyt ilta vai aamu?

Pitkä taistelu
Ja takaisin sairaalaan

4

Takaisin avohoitoon
Vieläkin sairautta salaillen
Taistella olemattomien äänien kanssa
yrittäen näyttää terveeltä
vaikka se olisikin mahdotonta

Viimeinkin aika tunnustaa sairautensa
Aluksi vaikeaa
mutta samalla helpottavaa
Asiantuntevassa hoidossa kunto voi myös parantua

Suojatöissä
Ei sen psyykkisesti sairaankaan elämän
tarvitse kurjaa olla
Mukavia kavereita
samassa elämäntilanteessa
Ymmärtäväinen työnjohto
Sairaanakin voi nauttia elämästä
ja työnteosta

Aiemmin piinannut avohoito
vaihtunut klinikalla käynneistä kotikäynteihin
Voi olla mukavaakin
Ainakin tukevaa
Vaikka kodin siisteydestä saisikin kuunnella valituksia
No, pysyypä asunto siistinä

4

Kivun jälkeen koittaa valo

nyt näen
Hänen kasvonsa
Vapahtajan
Miehen kipua ja sairautta täynnä
Hän kärsi minun vuokseni, puolestani

Ja jaksan jopa hymyillä
Elämä on jälleen toivoa täynnä

Pysähdyn kipujen virralle
Joskus sen laineet lyövät yli pääni
Joskus satuttavat sisintä
Vihlaisee

Vapahtajamme
Täynnä tuskaa ja kipua
Kantoi nekin ristille

Tuska, ahdistus, kipu
on kuin hammaslääkärin pora
se tuottaa tuskaa,
mutta lopulta helpottaa
rakentaa sisintä
että näkisi elämässä olennaisen

Sairaalassa

Sairaalassa oli myös paljon harrastusmahdollisuuksia
-lentopalloa, kuntosalia, puu-, ulko-, kipsi- ja savitöitä
Lääkkeet vain kuluttivat niin voimia, ettei tahdo jaksaa
Pahimmillaan jaksoin juuri ja juuri istua ja keskustella 15 minuuttia

Retkiä tehtiin usein
-milloin käytiin kylpylässä,
milloin luotoretkellä tai keilaamassa
Rytkyn majalla myös käytiin
sekin piristi

Visalassa Ykkösellä oli myös korona
Sitäkin oli hausta pelata

Kun sai lisää vapauksia
pääsi lenkkeilemään
Iltaisin käymään seuroissa,
kirjastossa, huoltoasemalla kahvilla

Lentopalloa
sitä usein pelattiin
milloin sairaalan liikuntavuorolla
milloin lomilla muualla

Pingis
Sitä pelatessa usein menivät kuntosalitunnit sairaalassa
–ja monina kesinä kotona lähes kaikki se aika,
mikä jäi kalastukselta

Kuntoutusosastolla oli mukava, kun sai liikkua vapaasti pihalla
Kesäisin usein kroketin peluuta,
iltaisin Uunokorteilla Koputusta, Morttia sisällä kaverin kanssa

Työmatka

Työmatka

Rajakylästä Heinäpäähän
Pyöräillen
noin 8 kilometriä
Lyhyt matka hyväkuntoiselle
huonokuntoisemmalle pitempi

Toppila,
ei ihan vielä puolimatka
Ensimmäiset liikennevalot
jo hieman edempänä
Sitten puolimatkan risteys
jyrkkä mäki
ja sen päällä voi jo huokaista helpotuksesta
ollaan voiton puolella

Paluumatka
pyörästä on jäätynyt pakkasessa vaihteet
Vaihtaa ylöspäin
mutta ei alaspäin
Jyrkkä ylämäki,
ylikulku,
ja joudun taluttamaan
tuntuu häpeälle nuoresta miehestä
vanhemmille tavallisempaa
mutta minkäs teet
kun vaihde on niin isolla

Viimein kuitenkin takaisin kotona
ja kahvikupin ääreen
Yksi työpajapäivä on takana

Tänään
otan pyörän ja polkaisen sata kilometriä
olen tumpannut viimeisen tupakkani kuusi vuotta sitten
minä, jolla ”röökiä” meni jo neljä askia päivässä
tai 80 piipullista
joka pystyin hädin tuskin enää kävelemään,
liikun jälleen.
Olenko parantunut?
Voiko psyykkisestä sairaudesta parantua?
Minusta voi,
mutta helppoa ja yleistä se ei ole.
Eikä kukaan voi ilman lääkärinlausuntoa julistautua terveeksi.
Joudunko sairastamaan koko ikäni?
Lohtuna on ainakin tieto,
että mielenterveyskuntoutujanakin on elämää.
Olla terve.
Mitähän se oikein edes tarkoittaa...?

Mielenterveyskuntoutuksesta sosiaaliohjaukseen

Lopulta mielenterveys kuntoutus loppui
vaikka jopa vastustelin
Alkoi elämä
jossa mukana sosiaaliohjaus

Sosiaaliohjaus on jotenkin rennompaa
vapaampaa
Välillä kävin sulkapallossa
kasvimaalla
Joskus kalareissuja

Sosiaaliohjauksessa
vaihdetaan kuulumiset
kannustetaan aktiviteetteihin
yrittämään
Ja tietenkin
tarkistetaan asunnon siisteys

Enemmän vastuuta
lisääntyvä terveys
alkaa kannustamaan
eteenpäin
uusille urille
ja vanhoissa kuvioissa
eteenpäin

Aktiivinen kuntoilu
alkaa tuottaa tulosta
Kalastuksesta
alkaa tulla harrastusta vakavampaa
etenemistä monella sektorilla

Sairaalassa 1994–95 kirjoitettua runoutta

Havinaa

Leuto talvinen tuuli
havisuttaa puiden oksia
kuin enkelten siivet
äärellä seimen lapsen pienoisen
tuona pyhänä Jouluyönä
kun Vapahtajamme syntyi maailmaan

Äärellä ristin Golgatan

Äärellä ristin Golgatan
seisoo joukko ihmisten itkeväisten
  kera sotilaiden pappein kirjanoppineiden pilkkaavien
riippuu Vapahtajamme ristillä tuskissaan
  on naulat läpi käsien jalkojen
  kohta kyljessä reikä keihään pistämä
vaan pian saapuu joukko enkelten
  siirtyy Vapahtajamme kunniaan loistohon
heittää ristillä henkensä
edestä synteimme

Prologi

Parantuivatko kaikki sairaat?
Eivät parantuneet
Ehkä sait silti kivan osan
Jonkun osa on kantaa tuskaakin
Tämä on yksi salaisuus
jota emme ymmärrä
Yleensä elämään silti liittyy iloisiakin päiviä
iloitaan niistä
Jotta jaksamme kantaa myös tuskaa
Suuri Esikärsijämme Jeesus
Oli mies täynnä tuskaa
kipujen tuttu
Häneen turvaten
Myös tuskaisesta päivästä
ehkä jälkikäteen
(jos sitä voi muistella)
voi löytää valon pilkahduksen
toivon siemenen

Jälkeenpäin
näen takanani voittajan kasvot
miehen kipua ja sairautta täynnä
Hän ei joutunut hoitoon
vaan vei sairautensa ristille
puolestani
kärsien

“Ja sairaat paranivat”
Sairaudet ovat ikuisesti keskellämme
Jokainen ei koskaan parane
Jumalan salaisuus on kärsimys
Sillä Hän itsekin,
Herramme,
kärsi tuskaa ja vaivaa

Mutta
“Ne jotka Herraan turvaavat,
Saavat uuden voiman”
Voima on peräisin ylhäältä
Antaa rohkeuden ja voiman
Kestää vastoinkäymisiä,
Sairautta
Uusi aamu koittaa kerran
Päivä Herran
Alkaa hääjuhla ikuinen
Soi kiitosäänet kirkkaat raikuvat
Ei enää maista vaivaa
Ei ollenkaan surua
Kun Karitsan kanssa iloitaan
On onni ikuinen
Autuus kera enkelten

www.ingramcontent.com/pod-product-compliance
Ingram Content Group UK Ltd.
Pitfield, Milton Keynes, MK11 3LW, UK
UKHW021347160826
14477UKWH00024B/545

9 789528 097044